AF338041

SIMPLES RÉFLEXIONS

SUR

L'ESPAGNE DE 1869

Paris. — Imprimerie internationale de G. TOWNE,
9, rue d'Aboukir.

SIMPLES RÉFLEXIONS

SUR

L'ESPAGNE

de 1869

PAR

OSCAR LESSINNES

PARIS

—

CHEZ LES PRINCIPAUX LIBRAIRES.

Le malheur de l'époque actuelle est, à mon avis, que ceux qui aiment l'ordre et ne voient qu'en lui le progrès n'agissent point toujours avec l'ardeur que mettent les utopistes à propager leurs funestes doctrines.

J'aime l'ordre, le droit et la justice. Je me trouverais criminel d'imiter le silence dédaigneux dont se parent avec plaisir des hommes partageant les mêmes principes que moi, plus instruits, plus expérimentés, mais trop confiants, à mon sens, dans la bonté de leur cause.

Il faut lutter, combattre et payer de sa personne en présence des combats à outrance que livrent de toutes parts au bon droit des gens qui n'ont rien à perdre et qui ont tout à gagner dans les révolutions.

Pressé par ces idées et en face des résolutions qui seront prochainement prises par la nation espagnole, je n'ai point cherché ici à faire œuvre d'écrivain, mais bien de polémiste et de soldat.

Je lance à la hâte dans le public quelques idées que mon esprit de justice et mes convictions ardentes m'ont inspirées.

1

Un homme possède cent millions de revenu annuel. Il n'aime pas dépenser cette
forte somme. Vingt mille francs suffisent à
ses besoins. — Un voisin (on a toujours, à
droite ou à gauche, un voisin ennuyeux), un
voisin vient lui dire : « Compère, vous êtes
absurde, ridicule, niais, en ne dépensant point
vos cent millions, chaque année. Au nom de
tous les sentiments honnêtes, je vous con-
jure de faire promptement des dépenses plus
fortes. » — « Mais, répond l'autre, je suis
heureux, en vivant ainsi, J'ai du plaisir à
être simple. Ma fortune, si grande qu'elle
soit, ne change pas ma nature, qui est mo-
deste, qui est indolente. Cela me fatiguerait

de chercher à dépenser tout mon revenu. Je suis riche, c'est vrai, mais je suis paresseux avec délices et avant tont. Chaque homme mène sa barque comme il l'entend. J'aime à laisser la mienne aller doucement et à ne point me lasser à ramer. Après tout, ne suis-je pae bien bon de donner toutes ces explications? Je vis comme je veux. Vous avez d'autres goûts : vivez chez vous comme vous le désirez; cela m'est indifférent. Maintenant, brisons là. Bonsoir, voisin, et n'y revenez plus, »

Il aurait raison, ce Crésus, de parler ainsi.

Chacun chez soi, et non pas pour soi; chacun chez soi et Dieu pour tous !

II

L'Espagne ressemble un peu à ce fortuné mortel. Elle a eu un voisin quelquefois gênant.

Il y a en France une grande ville qui donne asile à tous les mécontents; dans cette ville il y a un noyau d'hommes pauvres et intrigants qui rêvent les bouleversements politiques et espèrent élever leur fortune ou leur réputation au milieu des décombres. Et parmi ces hommes il y a quelques esprits hardis, novateurs, inquiets qui souhaitent l'avènement de la république et qui ne voient que dans cette forme de gouvernement le salut des vieilles nations d'Europe. Ces quelques hommes ont influencé des Espagnols de passage à Paris. Ils leur disaient :

« L'Espagne a une nature riche et luxuriante et cependant le Trésor est vide. L'Espagne est en arrière des autres peuples industriels. La faute en est au gouvernement de la Reine Isabelle II. »

Si les Espagnols à qui ce langage s'adressait avaient eu quelque hardiesse, ils auraient répondu : « Non, sa Majesté la Reine Isa-
« belle n'est pas l'auteur des maux qui mi-
« nent l'Espagne. Il faut faire remonter
« la responsabilité de la situation aux dis-
« sensions militaires. Si les richesses natu-
« relles du pays sont négligées, la Reine Isa-
« belle n'en peut rien non plus. Car, ce n'est
« pas Sa Majesté qui a créé le doux ciel d'azur
« de la belle Espagne, qui invite au repos
« d'abord, puis au dédain des spéculations
« mercantiles. — Ce n'est pas la Reine Isa-
« belle qui a mis au cœur de tout Espagnol
« cette noble et chevaleresque fierté, qui fait

« ranger un spéculateur à un rang inférieur.

« — Ce n'est pas la Reine Isabelle qui a
« semé les orangers le long des promenades,
« où l'on comprend que l'esprit s'adonne
« aux rêveries et qu'il naisse dans l'âme
« passionnée des hommes des sentiments
« incompatibles avec les durs et avides cal-
« culs de l'industrie.

« La nature de l'Espagnol se ressent des
« influences qu'exercent sur les natures mé-
« ridionales un ciel poétique et un sang gé-
« néreux. Qu'on n'oublie pas que c'est d'Es-
« pagne que partit pour se répandre en Eu-
« rope, le souffle de la poésie qui inspira
« tant de génies, à commencer par Corneille,
« qui dut sa gloire à ses splendides copies des
« œuvres espagnoles.

« Le fond enthousiaste et noble de ce peu-
« ple, qui est lui-même et le veut rester, est
.« toujours demeuré intact.

« Il faut voyager dans cette splendide con-
« trée, où la femme est si impétueuse et si
« gracieuse, où l'homme a tant de noblesse
« alliée aux plus purs sentiments de loyauté,
« pour saisir que là les aspirations politiques
« ne peuvent pas avoir la même tournure
« qu'en France, qu'à Paris, où le climat est
« brumeux, où l'homme est petit, chétif,
« avide de fortune et de luxe artificiel, pour
« qui tous les moyens de gagner de l'argent
« sont bons. Dans votre atmosphère bru-
« meuse, métallique et boueuse, vous ne pou-
« vez pas asseoir un jugement impartial sur

« ce pays parfumé, à qui la nature n'a rien
« laissé à désirer. Laissez à la reine Isa-
« belle II le temps de se débarrasser des in-
« trigues militaires et de guider la noble na-
« ture espagnole dans la route lumineuse de
« progrès réfléchi et de civilisation assortie
« qu'Elle a rêvée pour sa chère patrie, main-
« tenant que la Reine a atteint l'âge où les
« natures supérieures accomplissent ce qu'el-
« les ont longtemps désiré, parce qu'elles
« commencent à avoir la connaissance du
« monde et l'expérience pratique des at-
« faires. »

Au lieu de tenir ce langage, l'Espagnol à
qui l'on médisait du gouvernement d'Espagne écoutait, et, dans sa timidité, voulait suivre de funestes conseils. On lui avait parlé
« république, révolution, » il transmettait à
ses affidés de Madrid les instructions béné-
volement reçues. Alors un mouvement eut
lieu, dirigé par des chefs sans soldats. Le
vrai peuple crut à une rébellion de militaires
et resta immobile et indifférent, comme il l'a-
vait été si souvent, quand surgissaient les in-
croyables révoltes de certains généraux. Ce
ne fut que lorsque la Reine eut quitté l'Espagne, que le peuple s'aperçut qu'on avait,
en son nom, renversé une dynastie qui lui
est chère. Ici encore se révèle la nature quelquefois indolente de l'Espagnol. Il ne sait pas
comment on résiste à un pouvoir intrigant.
Les innombrables révolutions militaires lui
ont, pour ainsi dire, gâté la main. Il ne sait

point comment on reprend des souverains que des hommes audacieux ont renversés par surprise.

III

On a fait tout ce qu'on a pu pour propager l'idée républicaine en Espagne, et l'idée républicaine vient d'échouer devant le vote pour les conseils municipaux. Le résultat obtenu est nul, en effet, en présence des espérances que les républicains avaient conçues. Le départ de la reine Isabelle II aura amené cette conviction, désormais inébranlable, que dans aucune partie de l'Europe, la république n'est possible en maintenant dans son intégrité l'étendue des territoires.

Pour ma part, je crois qu'il y a peu de républicains convaincus. Ceux qui le sont, pêchent, selon moi, par légèreté. Ils sont bien coupables de vouloir expérimenter sur des peuples une forme de gouvernement qui n'a jamais été mise en vigueur. Rome et Athènes étaient des républiques aristocratiques. Pour un citoyen, combien d'esclaves? La république se maintient en Suisse parce que la fédération, c'est-à-dire la faiblesse, existe. Elle se maintient en Amérique parce que les Etats-Unis ne forment pas un tout compact; il y a anarchie, c'est-à-dire désordre, c'est-à-dire cause de faiblesse; les Etats-Unis sont *unis* parce que chacun d'eux, pris séparément est faible. Si une forme de gouvernement semblable s'établissait dans une nation européenne, entourée de peuples formant un tout compact, cette nation, fût-elle double des Etats-Unis, serait secondaire en Europe.

Le gouvernement républicain, d'ailleurs, ne peut pas s'implanter là où le régime monarchique a subsisté de tout temps. L'Amérique n'était pas dans ce cas.

Cependant, peut-être aurait-il quelque chance de succès dans une nation qui rejetterait tout sentiment d'honneur patriotique et se vouerait exclusivement à l'égoïsme industriel. La république rêvée par nos utopistes est l'apogée de l'individualisme cupide. L'Espagne, nation généreuse, dédaigneuse des affaires et des tripotages, ne pouvait pas sourire à ce mode de gouvernement.

Le découragement qui se lit à travers les lignes d'honnêtes écrivains qui ont trouvé dans la République une forme nouvelle de littérature, prouve bien que l'Espagne n'est pas et ne deviendra pas républicaine.

A quoi donc la révolution espagnole a-t-elle servi, puisque la forme de gouvernement restera monarchique et constitutionnelle?

Et c'est le suffrage universel qui a proclamé en partie et qui proclamera bientôt complétement cette intention de l'Espagne de rester constitutionnelle et monarchique.

A quoi encore une fois a abouti la révolution?

Est-ce à une lutte d'idées? Non. La France a eu sa glorieuse révolution d'idées ; c'est ce qui induit en erreur beaucoup d'écrivains de ce pays quand ils entendent résonner à leurs côtés le mot de révolution.

La révolution espagnole est une révolution d'ambitieux, une lutte ds personnes. Les principes n'y sont pour rien. Que les hommes, — après tout, aux aspirations généreuses, — qui avaient laissé battre leur cœur au doux espoir de voir de grandes idées et de grands enseignements sortir de cette révolution, reconnaissent leur erreur. Il n'y a là que des ambitieux vulgaires qui étaient trop compromis ou trop malhonnêtes pour faire ou refaire leur fortune par les voies légales et qui ont, par un coup d'escamotage, impossible ailleurs qu'en Espagne, pris par surprise le pouvoir et qui le quitteront , — retenez bien ceci, — au milieu des huées de ceux qui se sont montrés leurs plus chauds partisans.

IV

Ces partisans, quels sont-ils ?

Des étrangers, de rares journalistes de Paris qui, déjà, ont traité, avec ingratitude, Prim d'homme léger.

Car l'Espagne n'a fourni de vrais partisans de la révolution que ceux de ses enfants, — c'est un fait avéré, — qui avaient une situation financière fortement obérée ou un discrédit moral peu digne d'envie.

Ainsi, dans ce pays d'un patriotisme si chaud, si ardent, si noble, mais aussi si exclusif, des hommes qui passent devant l'Europe pour des réformateurs patriotes, ont dû recourir à des appuis ou étrangers ou peu honnêtes.

Que voulaient-ils? Le pouvoir! Ils l'ont. Ils ne pouvaient rien désirer de plus. Ils sont de cette école ne voyant que le but, s'inquiétant peu des moyens. Ils ont atteint ce but. Qu'ils se souviennent maintenant qu'ils sont Espagnols et qu'ils se doivent aussi au bonheur de la patrie. Que la patrie ne soit pas pour eux une mère nourricière dont-ils poignardent le sein pour avoir les applaudissements de quelques écrivains frénétiques. Qu'ils soient Espagnols avant tout; qu'ils soient justes, qu'ils soient charitables, qu'ils soient bons, qu'ils soient chrétiens : c'est là tout ce qu'était la reine Isabelle II.

Mais s'ils répètent la Reine, pourquoi avoir changé? Ils ne sauraient ni mieux aimer l'Espagne ni mieux la diriger qu'elle. Ils ne peuvent que reproduire ce que faisait le gouvernement tombé. Pourquoi donc sont-ils là? Parce qu'ils voulaient y être; peu leur importait comment et à quel prix. La Reine a dû céder; mais on se demande, devant le peu de faits accomplis par MM. Prim, Serrano et Topete, si ce n'est pas là un jeu malicieux du destin qui met à la fin ces hommes d'Etat improvisés à même de prouver qu'ils ne peuvent rien faire de mieux, ni agir autrement que ne le faisait la Reine.

Ils ont fait pire; car ils ont introduit en Espagne, une institution jusque-là inconnue au-delà des Pyrénées; ce sera pour eux un remords. Ils ont dit au peuple :

« Voici une arme que vous ne connaissez pas, qui est nouvelle pour vous; eh bien! vous allez vous en servir dans une circonstance décisive. Voici le suffrage universel que vous n'avez jamais manié et que vous êtes incapables de manier. car vous n'avez pas encore le tact, ni l'instruction, ni le développement matériel nécessaires à cet effet. Cependant vous vous en servirez pour établir la base de votre prochaine Constitution. Le suffrage universel pratiqué par vous, ignorants, peut conduire au despotisme. Peu importe l'avenir! Après nous le déluge! Ce qu'il nous faut avant tout, c'est être reconnu par la France, dont le souverain aime beaucoup le suffrage universel. C'est lui qui l'a introduit dans la politique européenne. » Or, il est arrivé que cette tactique, toujours la même, consistant à penser aux étrangers avant de penser à la patrie, a eu un médiocre effet. L'Empereur Napolépn III ne s'est pas déclaré. Et l'arme terrible est restée dans les mains d'un peuple passionné et ignorant.

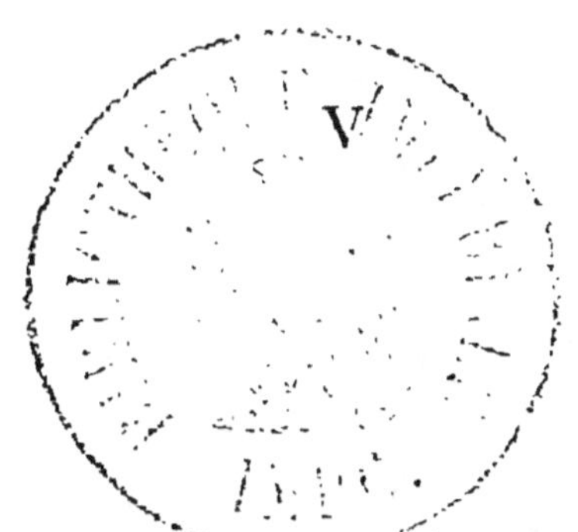

Il y a entre Sa Majesté Isabelle II et les hommes qui se sont emparés du pouvoir cette différence que les fautes de son gouvernement n'incombaient pas à la Reine, tandis que toutes celles des révolutionnaires retombent sur eux-mêmes. Ceux-ci agissent en effet spontanément, par leur propre initiative et sans être forcés par personne; la Reine au contraire, ainsi que je me suis efforcé de le dire dans un autre opuscule (1), était sous la

(1) La Vérité sur la Révolution d'Espagne.

puissance des ministres, souvent militaires, qui menaçaient de se retirer si la Souveraine ne n'acceptait pas leurs projets ; et l'on sait qu'en se retirant, quelques-uns de ces messieurs s'empressaient de mettre flamberge au vent et de livrer le pays aux horreurs de la guerre civile.

VI

Quoi qu'il en soit, le suffrage universel existe en Espagne. Désormais, il faudra compter avec lui. Un gouvernement qui se rétablit ne peut que difficilement retirer au peuple des concessions d'apparence large et libérale, accordées à une époque transitoire.

Mais, puisque suffrage universel il y a, puisque des Espagnols n'ont pas cru déroger en imitant ce que les étrangers faisaient, qu'ils

les imitent en tout et que les révolutionnaires
aient le courage de suivre exactement ce qui
s'est pratiqué en France.

Là, on a vu le président de la République
faire appel directement au suffrage universel
pour la nommination du chef de l'Etat. Ce ne
sont pas des chambres qui ont élu Napo-
léon III empereur ; c'est le peuple lui-même ;
c'est le suffrage universel.

Le paysan Espagnol, peu habitué au ma-
niement des affaires publiques, peut être ap-
pelé à faire des choix d'hommes douteux,
lors de l'élection des Cortès. Les sollicitations
des candidats, placés sur les lieux mêmes et
payant de leur personne, l'entraîneront malgré lui.

Ces candidats présentés au peuple par le
parti révolutionnaire qui règne à Madrid,
sont susceptibles d'éprouver lés émotions et
les rancunes de ce parti. Ils peuvent, par de
captieux raisonnements, se laisser aller, à
propos de l'élection d'un souverain, à des
entraînements exclusifs.

Le peuple, directement interrogé sur ce
choix important, est seul compétent et seul
capable d'émettre un jugement conciencieux
et exact.

Le peuple Espagnol est vraiment patriote,
vraiment bon juge sur le choix d'un prince.
Il a le sentiment national, qui l'inspirerait, il
a la fierté, qui ne se plierait pas à des tran-
sactions honteuses ; il puise ses opinions dans
son cœur. Si vous le trouvez bon pour nom-

mer des députés, appelés à leur tour à nommer un souverain, vous devez le trouver bon pour l'élire lui-même directement. Car le député arrivera aux Cortès avec un mandat de ses électeurs ; il aura été élu pour parler en leur nom. Laissez parler eux-mêmes ces électeurs : à quoi bon ces intermédiaires ?

Les députés peuvent subir les mêmes craintes que certains révolutionnaires sur le retour de la Reine Isabelle II, bien que celle-ci ait de longue date habitué ceux-ci à son indulgence. Le peuple, c'est chaque électeur, c'est tout le monde et ce n'est personne nominalement. De plus, jugeant les choses d'un peu loin, non dans les détails, mais dans l'ensemble, il est audessus des rivalités de partis. Il apporte, dans le choix de son souverain une large indépendance et ces souvenirs du cœur dont les hommes d'Etat font abstraction, mais qui sont, pour le peuple, la base de la politique.

L'élection du Prince confiée au suffrage universel serait néanmoins la dernière mesure qu'accepteraient les révolutionnaires. Elle est franche ; elle est sincère ; elle est loyale ; mais ils savent combien le règne d'Isabelle II a laissé de racines profondes dans les masses, combien ce long règne malgré les dissensions militaires, a réalisé de progrès matériels et combien le cœur des Espagnols, qui ne voient pas dans la politique un moyen de parvenir, est dévoué à la Reine et aux Bourbons de sa famille.

On peut objecter que ces sympathies populaires ne se montrent guère.

Qu'on sache que cette révolution a surpris
le peuple, qu'elle n'a point été faite par lui
et que l'immense majorité des masses est si
profondément pénétrée du retour de la
Reine, ou plutôt de l'impossibilité que la famille royale soit définitivement dépouillée du
trône, qu'elle ne veut point agir, c'est-à-dire
risquer de répandre le sang de compatriotes
pour forcer l'arrivée *d'un événement certain à
ses yeux.*

Chaque homme du peuple, pris individuel-
lement, est parfaitement dévoué à la Reine,
que tous disent si bonne, si généreuse, qui a
laissé impunis bien des actes mauvais, mais
qui jamais n'a négligé de récompenser un
acte honnête, un service loyal. Un souverain
a le droit d'être au-dessus des sentiments de
reconnaissance, car il est l'incarnation de
principes; en travaillant pour lui, on travaille
pour les principes qu'il personnifie; mais la
Reine n'a jamais cru avoir fait assez, quand
on lui montrait le moindre dévouement. Ses
instincts généreux, que toute femme reçoit
du Ciel en partage, lui faisaient toujours récompenser avec trop de bonté; aussi, si dans
les hautes sphères Elle a créé des ingrats,
Elle n'a que des partisans, des admirateurs
dans le peuple, où se conservent toujours
plus intacts les bons sentiments naturels.

Il y a actuellement dans les classes populaires un mouvement silencieux, mais digne d'attention.

Elles n'ont jamais goûté du système monarchique et constitutionnel, avec toutes ses nouveautés modernes, que sous le règne d'Isabelle II. Or, le premier acte qu'elles accomplissent est de proclamer par le suffrage universel leurs sympathies pour le régime monarchique et constitutionnel. Isabelle II n'a donc pas gouverné avec tant de fautes, puisqu'Elle a fait aimer un mode de gouvernement à peu près inconnu avant Elle. Cela seul ne prouve-t-il pas que la Reine a d'innombrables partisans qui, maintenant que les premiers moments de surprise sont passés, se lèveraient en masse, si cette digne princesse n'avait pas laissé depuis longtemps aux agitateurs subalternes la triste mission de répandre à torrents le sang des innocents, le sang des pauvres Espagnols, instruments inconscients et aveugles d'ambitieux criminels.

VII

Quand les Cortès seront réunies, leurs projets libéraux ne s'écarteront guère des aspirations généreuses de la Reine Isabelle II.

Ballottée sans cesse entre les dissensions militaires, Elle n'a jamais pu faire entendre à l'Espagne, sans la contresignature d'un ministre, — quelquefois hostile, toujours absorbant, — combien elle était vraiment espagnole de cœur, de sentiments et de caractère !

Si par un de ces miracles que les peuples se permettent, mais que les souverains contenus par un serment n'osent pas accomplir, la Reine, *pour quelques jours seulement*, avait pu être débarrassée de ministres à vues étroites, de Chambres arrêtées par la crainte d'échecs dans les élections ; si Elle avait pu, quelques heures seulement, donner carrière à ses projets de grandeur et de liberté pour l'Espagne ; si enfin Elle s'était trouvée dans la même position indépendante que se trouvent les potentats provisoires d'aujourd'hui, que de projets n'eut-elle pas exécutés !

La Reine, dont le cœur large et les idées hautes ont toujours été méconnus, la Reine empêchée d'exprimer ses sentiments d'amour maternel pour l'Espagne, a dû souvent, avec l'imagination poétique de ses compatriotes, rêver la reconstitution de l'antique et splendide Espagne. Comment agir, pensait-elle, pour faire remonter à cette nation vivace et noble le cours des siècles et la remettre au point de splendeur qu'elle avait acquise territorialement sous Charles-Quint, sous Philippe II, les affaires de religion étant du reste entrées dans le courant de liberté qui entraîne actuellement le monde ? Donner la liberté aux esclaves, et ainsi quintupler les produits des colonies a pu être fait par un gouvernement que n'entravait point une constitution ; mais la Reine, pour aboutir à ce résultat, eut dû parlementer pendant des années, se heurter aux rancunes des proprié-

taires d'esc laves, froisser l'initiative des ministres qui aiment toujours prendre les de-
vants sous le régime constitutionnel et étouf-
fent la voix du souverain quand l'idée de
celui-ci est belle et qu'ils n'en auraient point
les honneurs. Prendre rang parmi les puis-
sances qui marquent dans le monde, se mêler
aux affaires européennes, susciter des rivalités d'amour-propre entre les artistes espagnols par des comparaisons avec ceux de l'é-
tranger, et tant d'autres projets, que l'amour
et le respect de la patrie inspirent, voilà ce
que la Reine sans doute espérait accomplir,
quand les rivalités des ministres et les petites
idées égoïstes de quelques ambitieux vulgaires venaient brusquement La forcer de regarder ce qui se passait terre-à-terre, à côté
d'Elle. Alors les beaux projets de grandeur,
de légitime ambition devaient être abandon-
nés par crainte de petites divisions entre
hommes toujours prêts à trahir.

La Reine a vraiment l'esprit élevé. Toute femme est poète, quand elle a une cer-
taine instruction, et la reine Isabelle II est
très instruite, et tout poète sait trouver des
projets grandioses et les accomplir, s'il est
secondé.

Quel héros n'aurait pourtant pas vingt fois
rejeté le souci des affaires, en présence des
injures adressées à propos de tout à Isabelle II ?

Je lis dans le travail de M. Demazade
(qu'il m'étonne de voir entrer dans ces pe-

tiles insinuations, lui qui est admis à écrire dans la sérieuse *Revue des Deux-Mondes*) que la Reine a été coupable d'écouter trop son confesseur, le père Claret.

D'abord, que M. Demazade me permette de lui dire que sans doute personne n'a jamais assisté aux prétendus conseils qu'était censé donner un confesseur dans *le secret du tribunal de la pénitence*. Qui donc a jamais été assez adroit pour entendre des choses qui devaient se dire sans témoins?—Qu'on avoue plutôt que tout moyen était bon pour rapetisser la Reine.

Le Père Claret est un des personnages les plus modestes qui existent. C'est un homme simple, calme, bon, ne s'occupant pas de politique, ennemi du bruit et de l'éclat, vraiment Espagnol et patriote dans son cœur, mais, avant tout, voué à Dieu, et Lui consacrant toutes les pensées de sa vie, fidèle à son créateur comme il a montré qu'il savait être fidèle à la souveraine qui l'a choisi pour déposer en son âme ses secrètes amertumes, ses chagrins, et rechercher en lui les douces consolations des paroles chrétiennes.

Mais, femme élevée et sans préjugés, la Reine n'est soumise qu'à sa propre conscience quand il s'agit du bien de sa noble patrie. Quand il est question de cette Espagne qu'Elle a rêvée si grande et si belle, Elle sait être elle-même et puise en son cœur généreux des inspirations réellement supérieures, réellement grandioses, repoussant tout conseil et n'écoutant que sa propre idée. Jamais Cortès ni révolution ne feront de plus beaux projets qu'Elle.

VIII

Ces légères considérations destinées aux hommes de bonne volonté qui cherchent la vérité et veulent défendre le droit et la ju-s tice ne pourraient-elles point se terminer par cette dernière :

Les peuples ont, comme les individus, des moments d'assoupissement où ils paraissent dans une situation maladive : ils reprennent alors des forces par un travail occulte de la nature.

L'Espagne me semble avoir sommeillé dans cet état jusqu'au jour où Isabelle II a pris les rênes du pouvoir.

Longtemps belliqueuse à l'époque des Maures; — longtemps subdivisée en petits royaumes qui se condensaient et se réglementaient jusqu'à la mère de Charles-Quint; — longtemps glorieuse, conquérante et maîtresse des deux hémisphères, à ce point que le *nec plus ultra* semblait être pour toujours sa fière devise, — l'Espagne, semblable à un homme qui après avoir épuisé ses forces dans de gigantesques travaux se retrempe dans le repos, l'Espagne s'est calmée, a peut-être décru en fait de richesses, mais n'a rien perdu pourtant de sa force vitale. Notre époque devait voir le repos finir. L'impulsion donnée à l'activité nationale par la généreuse et bonne Reine, aussi grande par ses actes sur le trône que par la douce aménité de son cœur dans l'exil, a poussé l'Espagne dans le mouvement européen : sous ce règne, que d'aveugles préjugés ne permettent point d'étudier avec exactitude mais que l'histoire enregistrera avec fierté comme un des plus utiles, sous ce règne, l'Espagne s'est relevée; et comme tout passage subit de la maladie à la santé amène des excès où les peuples, comme les hommes, veulent en quelque sorte essayer leurs forces, l'Espagne éprouve des commotions, dont un esprit philosophique ne doit point s'inquiéter, car c'est là une nation généreuse qui reviendra d'elle-même à la justice et à sa Reine légitime.]

Nul doute que si le sacrifice de son trône, de sa vie même était nécessaire au salut de l'Espagne, la souveraine, méconnue et digne en tous points d'une attention sérieuse de la part des historiens ferait, de gaîté de cœur, le sacrifice de l'un et de l'autre. Mais pour Elle, comme pour tous ceux qui ont étudié sérieusement, apprécié, jugé le caractère, les mœurs, le climat, le passé et l'histoire de l'Espagne, le bonheur de celle-ci est attaché à la justice rendue à la Reine. Pour tous les intérêts qui dépendent de la persistance de Sa Majesté à soutenir ses droits augustes et légitimes, Elle se doit de continuer à regarder l'Espagne comme le pays où la destinée l'appelle à régner. Elle est la fille noble et fière de cette grande Espagne, mal-traitée et méconnue par les étrangers, comme elle-même, la Reine, en a été méconnue et maltraitée. Tout cela n'est qu'une épreuve passagère, une conséquence de l'état fiévreux amené par le réveil de la santé.

Pour moi, je suis fier d'être presque le seul parmi les écrivains libéraux qui élève une voix indépendante en faveur d'une prin-cesse injustement attaquée. Je devance le ju-gement de l'histoire, qui sera bonne et misé-ricordieuse pour Isabelle II, car Isabelle est une martyre de l'idée constitutionnelle et mo-narchique, loyalement exécutée et mise aux prises avec les passions d'hommes ambitieux.

Sa Majesté n'a jamais violé la Constitution. L'éloignement fait mal juger les choses. Les journaux les plus partisans de l'Espagne ont innocemment reproduit des contre-vérités à ce sujet. Il est impossible de citer un fait, un seul fait où le parjure de la Reine soit prouvé.

Il est facile à des Français républicains, à des Anglais avancés, à des Belges libéraux de dire : « S. M. Isabelle II a violé la Con- « stitution. » — Dans leur pays, on s'imagine que le mot *Constitution* exprime partout les mêmes principes que chez eux.

Quand quelqu'un soutient que la Reine a violé la Constitution, demandez-lui : « Cette Constitution d Espagne, faite d'ailleurs avant que la Reine ne fût en âge de l'inspirer, la connaissez-vous? — L'avez-vous lue? » On répondra presque toujours : « Non. » —Chaque acte de la Reine était conforme à la Constitution d'Espagne peu connue en réalité hors de ce pays ; mais ce sont les révolutionnaires et les ambitieux qui ont toujours violé la loi espagnole.

La polémique la plus exigeante ne saurait pas à ce propos donner le plus léger démenti à cette assertion vraie que « *la loi fondamentale a toujours été respectée par Isabelle II.* » Ceux qui disent le contraire parlent sans connaissance. Aussi la justice se fait. Elle arrive. La voilà tout près de nous.

Le temps n'est pas loin où la Reine reprendra son prestige et recouvrera ses Etats. Des pronostics de toutes espèces annoncent cet événement. L'abattement des partis hostiles, le peu de sérieux ou le peu d'honneur des prétendants rivaux, la fidélité immémoriale du vrai peuple espagnol, si grand, si généreux, si passionné dans sa fierté et son amour de la justice : tout dénote une lassitude de la part de la Révolution et une ère plus heureuse où régnera le droit.

Alors seulement, à l'action, on reconnaitra la magnanimité de la Reine, son grand sens politique, cette finesse diplomatique dont une femme seule a le secret, et cet amour sincère. profond, exclusif qu'Elle professe pour l'Espagne, pour cette chère patrie dont les malheurs racontés devant Elle attirent des larmes à ses yeux ; car alors, dans l'ère annoncée ici, les ministres absorbants auront cessé de peser sur les décisions de la couronne du poids de leurs trahisons, et la Constitution sera devenue vraiment libérale, sagement progressive en subissant d'heureux changements de la part des *Cortès intelligentes, réellement nationales et profondément hostiles à toute influence étrangère.*

Une nouvelle vie se présente pour l'Espagne, et la Reine va recommencer une seconde existence ; car quand le peuple a voté dans les municipalité pour le gouvernement monarchique et constitutionnel, il pensait

Isabelle II. En ce moment même où, dans les élections, il se déclare pour le principe monarchique, il appelle de ses vœux le retour de sa Reine bien aimée.

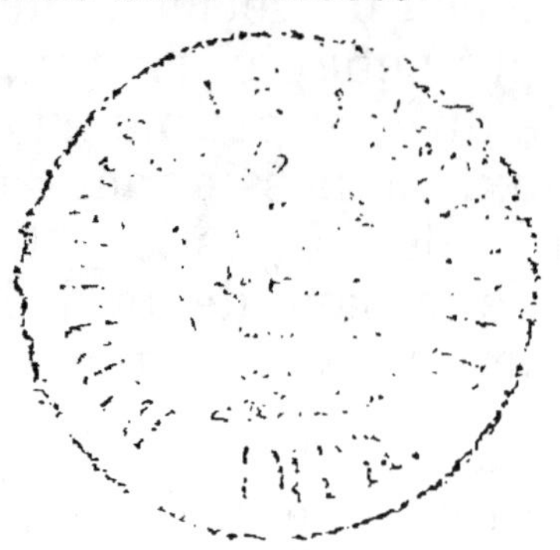

www.ingramcontent.com/pod-product-compliance
Lightning Source LLC
Chambersburg PA
CBHW061714060726
47597CB00006B/2376